LE TIMBRE DES AFFICHES

ET LA

RESPONSABILITÉ DES IMPRIMEURS

RAPPORT

PRÉSENTÉ

AU CONGRÈS DES MAITRES-IMPRIMEURS DE FRANCE

Par M. CHALLIER DE GRANCHAMPS

Directeur du *Mémorial d'Amiens*

LYON. — Septembre. — 1894

LE TIMBRE DES AFFICHES

ET LA

RESPONSABILITÉ DES IMPRIMEURS

RAPPORT

PRÉSENTÉ

AU CONGRÈS DES MAITRES-IMPRIMEURS DE FRANCE

Par M. CHALLIER DE GRANCHAMPS

Directeur du *Mémorial d'Amiens*

LYON. — Septembre. — 1894

S'il est une chose qui blesse et choque profondément le caractère français, c'est le sentiment, la constatation d'une injustice flagrante, commise par le pouvoir à l'égard d'un particulier ou d'une catégorie de citoyens, et à laquelle on assiste, impuissant à s'y opposer.

Or, n'est-ce pas l'injustice la plus criante que de venir dire à quelqu'un : « Tu seras responsable de faits que tu n'as pas commis » ?

Ce sentiment de justice et d'équité, qui est inné en quelque sorte dans l'âme française, explique bien la réprobation que soulève, — non seulement chez les intéressés, mais aussi chez les plus indifférents, dès qu'ils sont mis au courant, — la législation qui régit encore les imprimeurs au point de vue du timbre en matière d'affiches.

Ce n'est pas aujourd'hui pour la première fois que cette question se trouve soulevée et, sans remonter plus loin, je me bornerai à rappeler que l'un des plus dévoués organisateurs du Congrès actuel, — j'ai nommé notre excellent confrère M. A. Storck — nous adressait, il y a quelques années, une circulaire par laquelle il nous demandait d'approuver le texte d'une résolution votée par la Chambre syndicale des Imprimeurs de Lyon.

Cette résolution était ainsi conçue :

« La Chambre syndicale des Imprimeurs de Lyon demande que, en cas de procès-verbal pour apposition, dans un lieu public ou considéré comme tel, de tableaux-annonces non timbrés, l'imprimeur ne soit pas poursuivi lorsque celui au bénéfice duquel la réclame est faite est connu et solvable. »

On ne saurait, certes, nier le caractère modéré de cette demande, et le fait est qu'on croit rêver lorsque l'on considère qu'on en est réduit à solliciter humblement l'application d'un principe aussi légitime, aussi évident.

Cependant, jusqu'ici nos distingués confrères n'ont pas abouti.

A peu près à la même époque, l'Association des Imprimeurs d'Amiens, dont j'avais l'honneur d'être le vice-président, prenait l'initiative d'une motion analogue, sur laquelle je reviendrai plus loin, et qui fut signée par tous nos confrères du département de la Somme. Cette motion n'a pu être suivie d'effet en raison de la dissolution prématurée de notre Association.

Enfin les promoteurs de ce Congrès ont, dès le premier jour, placé en tête des « questions mises à l'étude » le Timbre des affiches et la Responsabilité des Imprimeurs. Espérons que, cette fois-ci du moins, nous arriverons à un résultat. Ce ne serait pas l'un des moindres mérites de notre Congrès.

Ce qui montre bien que la question que j'ai l'honneur de traiter devant vous préoccupe tout particulièrement les membres de notre corporation, c'est qu'à peine était-elle inscrite au programme de nos délibérations que, simultanément, deux rapporteurs se présentaient, et je crois savoir que plusieurs autres de nos confrères eussent également traité ce sujet si, se voyant devancés, ils n'avaient craint d'abuser de vos instants ; ils se sont réservés pour la discussion, et nous nous faisons d'avance un plaisir d'écouter les arguments qu'ils fourniront à l'appui d'une thèse que nous sommes ici, je pense, unanimes à soutenir.

D'après certaines notes parues dans le très intéressant Bulletin publié par nos confrères lyonnais, j'ai cru comprendre que M. Boullay avait l'intention de réunir et de vous exposer les *faits* dont chacun d'entre nous a pu être le témoin ou la victime ; j'ai donc cru préférable, — pour que mon travail ne fît pas double emploi avec le sien et afin de ne pas retenir trop longtemps votre attention, — d'étudier particulièrement la question qui m'était dévolue au point de vue de la législation et de la jurisprudence.

Quand nous aurons vu, d'autre part, les résultats presque toujours injustes, souvent iniques et parfois monstrueux que le fisc obtient de cette législation et de cette jurisprudence, le Congrès sera mieux armé pour en réclamer énergiquement l'abrogation ou du moins la modification.

*
* *

Vous n'ignorez pas, Messieurs, que l'Administration définit les affiches « des feuilles, manuscrites ou imprimées, apposées dans un lieu public, soit par ordre du gouvernement et des pouvoirs administratifs, soit en vertu de prescriptions légales ou de décisions judiciaires, soit enfin par la seule volonté des particuliers agissant ordinairement dans un but d'intérêt commercial ou industriel. »

Pour compléter cette définition, il convient d'ajouter qu'il existe, en outre, des affiches peintes, c'est-à-dire reproduites par la peinture sur tout autre matière que le papier. Je me borne à mentionner cette seconde catégorie dont nous n'avons pas à nous occuper ici.

Le régime fiscal, en matière d'affiches, a été l'objet de nombreuses lois abrogées ou modifiées par des lois postérieures. Il ne me semble pas inutile de rappeler ici le texte même des articles encore en vigueur ; d'autant plus qu'au cours même des recherches préparatoires qui ont précédé cette étude, j'ai découvert l'existence de certaines lois — que vous me permettrez bien de ne pas qualifier de *« justes lois »* — aux prescriptions desquelles il ne me serait jamais venu à l'idée de me conformer, par la raison que je les ignorais complètement.

La lecture de ce travail évitera donc peut-être à quelques-uns d'entre nous, dans l'avenir et tant que nous n'aurons pas obtenu gain de cause, la vindicte des agents du fisc qui, comme vous le savez sans doute, ont généralement la main peu légère.

Affiches administratives

Décret du 28 juillet 1791. Papier blanc. — Ce décret, qui est toujours en vigueur est ainsi conçu : « L'Assemblée nationale décrète que les affiches des actes émanés de l'autorité publique seront seules imprimées sur papier blanc ordinaire. »

Loi du 9 vendémiaire an VI, art 56. Exemption du droit de timbre. — Cet article, après avoir énuméré certains actes qu'il soumet au droit de timbre, porte : « Toutes les affiches autres que celles d'actes émanés de l'autorité publique, quelle que soit leur nature ou leur objet, seront assujetties au timbre fixe ou de dimension. »

Affiches judiciaires

Décret du 15 janvier 1853 et arrêté ministériel du 10 mai 1853. — Aux termes de la loi du 11 février 1791, les affiches judiciaires étaient soumises au timbre de dimension. La loi du 9 vendémiaire an VI, qui a exempté du timbre les affiches émanant d'une autorité publique, n'a pas eu pour effet de dispenser du droit de timbre les affiches judiciaires. C'est ce qu'a reconnu un arrêt de la Cour de cassation qui, se trouvant visé dans l'arrêté ministériel du 10 mai 1853, rendu en exécution de l'art 1er du décret du 15 janvier 1853, sert de règle à la perception.

Affiches des particuliers

Loi du 9 vendémiaire an VI. Affiches imprimées. — L'art 56 de la loi du 9 vendémiaire an VI avait établi l'obligation de l'emploi du timbre dans les termes que j'ai rapportés ci-dessus. L'art. 58 fixait ce droit à 5 centimes pour chaque feuille de 25 centimètres sur 38 et 3 centimes (ou 7 deniers 1/5) pour chaque demi-feuille de cette dimension. Ces dispositions ne sont plus en vigueur.

Loi du 28 avril 1816. — D'après l'article 65 de la loi du 28 avril 1816, « le prix de la feuille portant 25 décimètres carrés de superficie sera de dix centimes ; celui de la demi-feuille, de cinq centimes. » Cet article a également été abrogé.

Loi du 25 mars 1817. — L'art. 77 exigeait que le timbrage eût lieu avant l'impression.

Loi du 15 mai 1818. — Elle réitérait la même règle dans son article 76.

Loi du 18 juillet 1866. — Elle a permis l'impression avant le timbrage, pourvu que le timbre soit apposé avant l'affichage et a fixé le tarif de la manière suivante : « Art. 4. — A partir du 1er janvier 1867, le droit de timbre du papier des affiches est fixé de la manière suivante :

Par feuille de douze décimètres et demi carrés et au-dessous...	0 fr. 05
Au-dessus de douze décimètres et demi carrés jusqu'à 25.......	0 » 10
Au-dessus de vingt-cinq décimètres carrés jusqu'à 50..........	0 » 15
Au-delà de cette dernière dimension.........................	0 » 20

« Dans le cas où une affiche contiendrait plusieurs annonces distinctes, le maximum ci-dessus fixé sera toujours exigible. Ce maximum sera doublé si l'affiche contient plus de 5 annonces. Les affiches peuvent être imprimées sur papier non timbré pourvu que le timbre y soit apposé avant l'affichage ; néanmoins sont maintenues, en cas de contravention aux paragraphes qui précèdent, les amendes et pénalités édictées par l'art. 69 de la loi du 28 avril 1816, modifiées par l'art. 10 de la loi du 16 juin 1824. »

Les dispositions de cet article sont toujours en vigueur.

Loi du 27 juillet 1870. Timbres mobiles. — Aux termes de l'art 6 de la loi du 27 juillet 1870, « pourront être timbrés au moyen de timbres mobiles les papiers destinés à l'impression des affiches et des formules assujetties au timbre de dimension. »

Décret du 21 décembre 1872. — Il détermine la forme et la condition d'emploi de ces timbres.

Loi du 30 mars 1880. — *Affiches manuscrites.* — L'art. 6 de la loi du 27 juillet 1870 avait autorisé les imprimeurs à acquitter les droits de timbre des papiers destinés à l'impression des affiches au moyen de timbres mobiles, mais aucune disposition de loi n'accordait la même faculté pour les affiches manuscrites. La loi du 30 mars 1880, art. 1, 2 et 3, a eu pour but de combler cette lacune.

Il résulte de l'ensemble de la loi du 23 août 1871 qu'il doit être ajouté deux décimes au principal des droits de timbre de toute nature. Cette disposition générale atteint les droits de timbre de toutes les affiches.

En résumé, à moins d'entrer dans les exceptions prévues par le législateur, toutes les affiches émanant de particuliers sont soumises au droit de timbre ; ce droit doit être acquitté au plus tard avant l'affichage ; le tarif est de 5, 10, 15, 20 centimes suivant la dimension, et de 40 centimes si l'affiche contient plus de cinq annonces ; enfin tous ces droits sont passibles du double décime. Quant au timbrage, il peut être effectué soit en soumettant les affiches au timbre extraordinaire, soit par l'apposition de timbres mobiles.

C'est cette dernière disposition qui, sous couleur de bienveillance, est l'origine des contraventions dont le fisc entend rendre l'imprimeur responsable, par l'excellente raison que ce brave imprimeur est toujours là, sous sa main, et qu'il est comme l'on dit, « solide » pour payer l'amende ; tandis que s'il fallait rechercher le véritable coupable, ce serait souvent long et..... comment dire ?..... délicat. On sait en effet que l'Enregistrement montre parfois de singulières négligences dans le recouvrement de droits qui, ceux-là, sont dûs incontestablement..... pas par des imprimeurs, il est vrai !

Contraventions et amendes

Loi du 28 avril 1816. — L'art. 69 de la loi du 28 avril 1816 est ainsi conçu : « La contravention d'un imprimeur sera punie d'une amende de 500 francs, sans préjudice du droit de Sa Majesté de lui retirer sa Commission. Ceux qui seront convaincus d'avoir ainsi fait afficher et distribuer des imprimés seront condamnés à une amende de 100 francs. Les afficheurs et distributeurs seront, en outre, condamnés aux peines de simple police déterminées par l'art 474 du Code pénal. L'amende sera solidaire et entraînera contrainte par corps. »

L'amende de 5oo francs contre l'Imprimeur a été réduite à 5o francs, et celle de 1oo francs contre les auteurs des affiches à 2o francs, par l'art. 10 de la loi du 16 juin 1824.

L'Administration veut bien reconnaître que le commerce de l'Imprimerie ayant été déclaré libre, la pénalité qui consistait à reprendre à l'Imprimeur sa Commission a cessé de produire effet. D'autre part, elle consent à admettre également que, par suite de l'abolition de la contrainte par corps (Loi du 22 juillet 1867) le recouvrement des amendes ne peut être poursuivi que sur les biens du débiteur.

Vous conviendrez avec moi, Messieurs, que c'est fort heureux.

Mais, hélas ! l'Administration s'arrête bien vite dans cette voie libérale, et elle se refuse à considérer la faculté, accordée à celui qui ordonne l'affichage, de n'apposer le timbre qu'au moment de cette ultime opération, comme dégageant l'imprimeur de la responsabilité que lui imposait la Loi à l'époque où le papier devait être timbré préalablement à l'impression.

Ainsi, voici une affiche qui sort des presses de l'imprimeur et qui est livrée à celui qui l'a commandée. Cette affiche ne sera peut être jamais apposée sur la voie publique ou dans un lieu soi-disant tel ; elle pourra ne l'être, en tous cas, que dans six mois, dans un an, et dans une région très éloignée de celle ou elle a été créée. Le législateur a si bien compris l'intérêt que pouvait présenter cette facilité donnée à l'auteur de l'affiche, qu'il a établi le timbre mobile et qu'il a décidé que la contravention pour défaut de timbre ne naissait qu'au moment de l'affichage.

Et cependant ce n'est pas seulement l'afficheur que vous déclarez coupable ,— l'afficheur qui, en bonne équité devrait être l'unique responsable, puisque seul il commet *l'acte* délictueux et que, d'autre part, il est seul à pouvoir contrôler efficacement l'état de l'affiche au moment où il la place ; — ce n'est pas seulement celui qui a donné l'ordre à l'afficheur, c'est encore — et solidairement — l'imprimeur qui habite parfois à cent lieues de l'endroit où la contravention a été constatée !

Et je laisse de côté, me bornant à l'indiquer, le cas — dont M. Boullay vous parlera sans doute — où l'affiche, sortie parfaitement en règle et convenablement timbrée de l'imprimerie, a été ultérieurement modifiée.

Enoncer la possibilité de semblables injustices, c'est condamner absolument la législation qui les permet.

Mais voilà ! *L'afficheur*, la plupart du temps (les exceptions sont rares, surtout en province), n'est guère solvable. Quant à *l'auteur* de l'affiche, ainsi que je l'indiquais tout à l'heure, il est parfois difficile ou délicat de le rechercher. Reste le troisième terme de cette trilogie : *l'imprimeur*. C'est sur lui que l'on tombe et l'habitude a fait que les agents de l'Administration, dans la pratique, ne se donnent même pas la peine de s'occuper des autres

*
* *

Quoiqu'il en soit, à l'heure actuelle, le Fisc pose en principe que toutes les affiches sont soumises au timbre, quelle que soit leur forme ou leur teneur, si elles n'ont pas été expressément dispensées du droit par une disposition législative.

Deux conditions sont cependant requises pour que le droit de timbre soit exigible : il faut 1° qu'elles aient été apposées dans un lieu public; 2° qu'elles n'aient pas le caractère d'enseignes.

La législation n'a donné aucune définition du mot « lieu public ». Ce qu'on peut dire de plus général c'est qu' « on entend par lieu public le local qui est accessible à tous les citoyens ou a une classe de citoyens, soit d'une manière absolue, soit en remplissant certaines conditions d'admissibilité ». Telle est la définition, assez ambiguë, de l'Administration.

Ont été déclarés lieu public : les agences de locations et gares; les cercles (D. M. F. 8 octobre 1878); les débits de tabac (D.M. 17 septembre 1853 et 30 juin 1854), les hôtels, cafés, restaurants, théâtres, concerts, maisons meublées; salles de pas-perdus d'un palais de justice; urinoirs; vitrines des magasins ; voitures publiques. Le tribunal de Melun a même jugé, le 11 juin 1845, qu'une étude de notaire est un lieu public dans le sens de la loi, et que les affiches y apposées pour annoncer une opération quelconque doivent être timbrées. Mais ce jugement est combattu par le Dictionnaire du Notariat, t. 1ᵉʳ, page 575, n° 50.

L'enseigne, au point de vue fiscal, est une affiche apposée sur les murs mêmes de la maison où s'exerce le commerce ou l'industrie que l'on veut annoncer au public, ou sur ce qui peut être considéré comme dépendance de la maison.

Une décision du Gouvernement du 7 brumaire an VI a dispensé du timbre les affiches sur papier ou sur bois que les particuliers appliquent sur leur demeure pour annoncer une location ou leur genre de commerce, ou même la vente de la maison où l'affiche est apposée. Cette dispense a été étendue aux affiches de toute nature obtenues au moyen de la brosse, du pinceau ou de l'impression. Mais elle cesse de s'appliquer si ces enseignes ou écriteaux ne sont pas apposés sur la maison même ; si, par exemple. l'affiche annonçant un immeuble à vendre était placée sur la maison de l'agent d'affaires chargé de préparer le contrat.

Sont dispensés du timbre et considérés comme enseignes : les cadres photographiques apposés par un photographe sur la maison même où il exerce son industrie et portant son nom, l'indication du prix et des spécimens de photographies ; les cartons-tableaux et affiches placardés dans les cafés, hôtels, restaurants, qui ont exclusivement pour objet d'indiquer aux consommateurs les produits qui sont vendus dans la maison ; les avis imprimés indiquant un changement de domicile et placardés sur le logement quitté ; toutes les inscriptions mises sur la porte de chacun des établissements

ou des succursales où le même commerçant exerce son industrie; les affiches annonçant les heures d'arrivée ou de départ
des trains, apposées dans les gares; les affiches concernant
une loterie et apposées dans l'établissement chargé de la
vente des billets; les écriteaux annonçant qu'une maison est
à vendre ou à louer, lorsqu'ils sont apposés sur la maison
même; le tableau affiché à la porte d'un office de vente de
fonds de commerce, faisant connaître les fonds à vendre; la
planchette mobile accrochée sur la voie publique au mur de
la maison occupée par le fabricant, qui porte, outre l'indication du prix des objets fabriqués, l'adresse du fabricant; les
affiches apposées dans l'intérieur d'un magasin ou aux
vitrines pour annoncer les objets qui y sont à vendre.

La question est plus délicate en ce qui concerne les voitures-réclames et les hommes-sandwichs. Pour les voitures-
réclames, il semble que l'inscription du nom, de l'adresse et
du genre de commerce d'un négociant, apposée sur les voitures destinées à transporter les marchandises ou, plus généralement, à l'exploitation du commerce, ait le caractère d'une
enseigne exempte, à ce titre, du droit de timbre; mais il ne
paraît pas en être de même des voitures-réclames destinées
exclusivement à faire connaître au public la vente d'un pro-
duit ou l'annonce d'un spectacle; pour ces voitures, de même
que pour les hommes-sandwichs, une distinction s'impose :
s'agit-il d'affiches peintes, le droit est dû; s'agit-il d'affiches
sur papier, le droit de timbre ne paraît pas exigible; en effet,
l'art. 12 de la loi du 23 juin 1857 ayant abrogé l'art. 1er de
la loi du 6 prairial an VII qui assujettissait au droit de
timbre les avis imprimés, quel qu'en soit l'objet, qui se
crient et se distribuent dans les rues et lieux publics, ou que
l'on fait circuler de tout autre manière, il n'existe aujour-

d'hui aucun article de loi permettant de réclamer les droits
de timbre sur les affiches de ce genre qui sont imprimées sur
papier (Ruben de Couder, n° 18).

Affiches administratives

Pour déterminer l'exigibilité du droit de timbre, l'art. 56
de la loi du 9 vendémiaire an VI range les affiches en deux
catégories : les unes publiant les actes émanés de l'autorité
publique; les autres se rapportant aux actes qui n'en émanent
pas. Cette distinction repose sur la détermination juridique
du sens des mots « actes de l'autorité publique » employés
par la loi. Or, les actes de l'autorité publique ont exclusivement pour objet l'exécution des lois ; ils se rapportent à ces
dispositions d'intérêt général qui ont donné lieu au décret de
la Convention du 14 frimaire an VII, d'après lequel les lois
concernant l'intérêt public ou qui sont d'une exécution
générale, ont dû être imprimées séparément dans le Bulletin
des Lois. Tel est aussi le sens que Merlin attribue à ces
expressions.

On doit donc entendre par actes de l'autorité publique les
actes relatifs à l'administration en général, tels que ceux des
assemblées législatives ou du gouvernement (L. 22 frimaire
an VII, art. 70 § 2), les actes de police générale et de vindicte
publique (L. 13 brumaire an VII, art. 16), en un mot, ceux
qui concernent uniquement l'exécution de la loi générale et
l'intérêt de l'Etat. Mais c'est seulement quand l'Etat, considéré dans sa personnalité, indépendante de la personnalité
des citoyens ou des établissements publics, doit bénéficier
directement d'une affiche, que cette affiche peut être imprimée

sur papier blanc non timbré (Cassation, arrêt du 27 février 1878, rendu au sujet d'une affiche ayant pour objet d'annoncer un concours ouvert pour des emplois d'attachés au service vicinal).

Ces principes reçoivent leur application à l'égard des actes faits par certains magistrats tels que les maires, les préfets ou leurs délégués.

Parmi les fonctions multiples qu'ils remplissent, il en est qu'ils exercent comme délégués du pouvoir exécutif pour le maintien de l'ordre, l'exécution des lois et l'administration générale de l'Etat; d'autres, au contraire, qu'ils remplissent dans l'intérêt de l'administration des départements, des communes et des établissements publics dont la gestion est confiée à leur surveillance. Considérés sous le premier point de vue, les actes des préfets et des maires se rattachent à l'exercice d'une portion de la puissance publique, et les affiches relatives à ces actes sont exemptes de timbre. Mais, sous l'autre point de vue, les actes des préfets et des maires sont des actes d'intérêt privé bien que collectif, et les affiches relatives à cet intérêt sont soumises à l'impôt.

L'affiche doit, du reste, porter la signature du fonctionnaire de qui elle émane ; sans cette formalité, l'avis affiché n'aurait aucun caractère public et serait privé des effets attachés à ce caractère.

Par application de ces principes, sont affranchies du droit de timbre les affiches relatives aux ventes, baux, adjudications et marchés concernant des biens meubles et immeubles appartenant à l'Etat ; les affiches relatives à l'armée ; les affiches annonçant les fêtes ou bals donnés par le cercle militaire aux officiers de terre ou de mer, bien que le public y fût convié; celles apposées dans l'intérêt d'un régiment

(commission des ordinaires), celles par lesquelles une Caisse
d'épargne fait connaître le relevé de ses opérations, sa situa-
tion, les heures d'ouverture et de clôture de ses bureaux;
celles annonçant les concours régionaux, celles émanant du
ministère des postes et télégraphes et relatives à l'exécution
des lois des 3 mars, 24 et 25 juillet 1881 sur les colis postaux;
celles concernant les déclarations du gouvernement, les
discours dont l'affichage est ordonné; celles relatives aux
ventes d'effets saisis par les préposés des douanes, des contributions indirectes ou des octrois; les affiches nécessaires aux
enquêtes en matière de déclaration d'utilité publique; celles
qui ont un but patriotique et dont l'objet est de venir en aide
au Trésor public; les affiches relatives aux expositions ayant
un intérêt général; celles ayant pour objet la location des
biens affectés aux haras et la vente des produits de ces établissements; celles relatives à l'instruction publique et signées
des autorités compétentes; celles concernant le bureau muni-
cipal des nourrices de Paris; celles apposées par les membres
du clergé pour annoncer des cérémonies ou des prières
ordonnées par la loi ou par le gouvernement dans des circons-
tances déterminées; celles relatives au règlement d'arrosage;
les affiches concernant la police des établissements thermaux;
les affiches annonçant des vaccinations gratuites; les affiches
des ordonnances du juge de paix relatives à la vente des
animaux abandonnés; celles relatives à la Caisse d'épargne
postale; celles relatives aux sociétés de secours mutuel, mais
à la condition que la société soit approuvée: le papier doit
d'ailleurs être de couleur; les affiches qui annoncent la vente
des coupes des bois des communes et des établissements
publics; celles qui ont pour objet l'exécution des lois des
19 mai, 3 juin 1874 sur le travail des enfants.

Au contraire et toujours par application de ces principes, sont soumises au droit de timbre :

Les affiches relatives aux concours agricoles signées par le président des comices et approuvées par l'Administration ; les discours des députés quand la Chambre n'en a pas ordonné l'affichage ; les affiches concernant les établissements d'instruction primaire ou secondaire, gratuits ou non gratuits, si ces établissements ont un caractère privé ; les annonces de cérémonies ou d'exercices religieux organisés en dehors du gouvernement par les membres du clergé, excepté toutefois, lorsque les affiches ont été apposées sur l'édifice où les exercices doivent avoir lieu ou sur les édifices appartenant au même culte dans la commune et ne contenant aucune mention telle que les prix d'entrée, les conditions d'organisation de pélerinages ; les affiches concernant les adjudications aux enchères ou au rabais, lors même que les affiches annonceraient l'adjudication des travaux de l'Etat en même temps que celles des travaux des communes et des départements ; celles relatives aux chemins vicinaux, au bail d'une source thermale appartenant à une ville ; au programme d'un concours ouvert pour la construction d'une Bourse de commerce ; au concours pour des emplois d'agents voyers ; à la reconstruction d'une école communale ; à l'établissement des murs d'un cimetière ; à l'adjudication de l'éclairage au gaz d'une ville.

Sont également soumises au droit de timbre les affiches concernant les prisons, les hospices d'aliénés et autres établissements appartenant aux départements, les travaux sur les routes, les casernes de gendarmerie, la vente de l'hôtel de la préfecture, la reconstruction d'un bâtiment d'archives, les conférences agricoles données au nom du département, les foires, fêtes ou expositions départementales. Le sont aussi les affiches émanant d'une association ou d'un particulier, bien que leur objet se rattache à un intérêt général ou se rapporte à une formalité exigée par l'autorité. Notamment les affiches, émanées d'une entreprise de publicité, contenant le bulletin du Bureau central météorologique, accompagné du cours de la Bourse; les affiches de toutes les institutions inspirées par la charité privée; les affiches émanant directement des sociétés particulières de tir ; l'arrêté préfectoral dans lequel est reproduit le programme des courses de chevaux préparé par une société hippique ; les affiches annonçant l'exposition d'horticulture ou d'agriculture d'un arrondissement ; l'affiche annonçant une enquête *de commodo vel incommodo* ouverte dans l'intérêt d'une fabrique et placardée par un particulier, bien que cette formalité fût exigée par l'autorité ; les affiches émanant de la Société protectrice des animaux pour rappeler les dispositions de la loi Grammont ; les affiches apposées par les soins des gouvernements étrangers ou des villes étrangères...

Je m'arrête, Messieurs, en vous faisant remarquer toutefois que cette énonciation, — qui semble en vérité avoir été importée de l'Extrême-Orient, — n'est nullement limitative.

*
* *

Passons maintenant aux

Affiches judiciaires

Vous savez qu'il existe deux natures d'affiches judiciaires : les affiches prescrites par la loi et les affiches facultatives. Les premières sont soumises en principe au timbre de dimension ; les secondes, au timbre ordinaire des affiches ; mais parmi ces affiches, les unes sont d'ordre public et relatives à l'intérêt général de la société ; les autres ne concernent qu'un intérêt privé ; les affiches de la première catégorie sont exemptes du droit de timbre, les autres sont passibles du droit.

Il n'est pas possible d'énumérer ici tous les cas dans lesquels les affiches peuvent ou doivent être ordonnées par les tribunaux, mais il est intéressant de signaler ceux qui se présentent le plus fréquemment soit en matière civile, soit en matière commerciale, soit en matière criminelle, soit en matière correctionnelle ou de simple police.

1° *Matière civile.* — Sont exemptes du droit de timbre : les affiches ordonnées par la loi au sujet des enquêtes *de commodo vel incommodo* ; les affiches d'expropriation pour cause d'utilité publique (Loi du 3 mai 1841, art. 58) ; les affiches d'extraits de jugements d'interdiction ou de nomination de conseil judiciaire (Code civil 501 et 597).

Sont au contraire soumises au timbre de dimension ordinaire : les affiches de publication d'arrêts d'adoption prescrites par l'article 358 du Code civil; les affiches de déclaration de cessation de fonctions des officiers publics à l'effet d'obtenir le remboursement de leur cautionnement (Loi du 25 nivôse, an XIII, art. 5) ; les affiches faisant connaître les nom, prénoms, profession et demeure du débiteur admis à la cession de biens, et qui doivent être apposées au tribunal et à la mairie (C. proc. art. 903) , les affiches de publication des décisions judiciaires ayant prononcé le divorce (Code civil 250, C. proc. 872, Loi du 18 août 1886) ; les affiches qui précèdent l'envoi en possession des biens d'un absent (Code civil 118) ; ou d'une personne décédée sans autre héritier que son conjoint ou l'Etat (Code civil 770) ; les affiches d'assignation au défendeur étranger sans domicile ni résidence en France (C. proc. 68) ; les affiches de publication de mariage ; les affiches relatives aux ventes de biens de mineurs ou incapables (C. proc. 959) ; de surenchère sur ces biens (C. proc. 955) ; de ventes par licitation (C. proc. 972) ; de vente d'immeubles dépendant de successions vacantes (C. proc. 988) ; les affiches relatives à la vente d'immeubles à la suite de saisie, de surenchère sur l'adjudication, de folle enchère, de surenchère sur aliénation volontaire (C. proc. 699, 709, 735 et 835) ; les affiches concernant les ventes mobilières par suite de saisie-brandon, de saisie-gagerie, de saisie-arrêt sur des débiteurs forains, de saisie de rentes constituées (C. proc. 645, 649) ; et, en général, toutes les affiches prescrites par la loi annonçant une vente mobilière par autorité de justice (D. M. F. 10 mai 1854).

Quant aux affiches qui peuvent être faites en sus du nombre légal (il peut être passé en taxe 500 exemplaires), elles sont sujettes seulement au timbre spécial des affiches et doivent être faites sur papier de couleur.

2° *Matière commerciale.* — Sont exemptes du timbre : les affiches annonçant le dépôt au greffe du Tribunal de commerce et de la justice de paix, de la liste des électeurs consulaires ; l'extrait du jugement d'ouverture de faillite.

Sont au contraire, soumises au timbre de dimension les affiches apposées en vertu de l'article 2 du Code de commerce constatant l'autorisation de faire le commerce donnée à un mineur émancipé ; les déclarations de cessation de fonctions faites par les agents de change et courtiers de commerce ; les actes de constitution de Compagnies d'assurances; les extraits des contrats de mariage des négociants; les affiches annonçant la vente des meubles d'un failli, ou des immeubles dépendant de la faillite; les affiches relatives aux ventes publiques de marchandises déposées dans les magasins généraux; les procès-verbaux de perquisition à l'égard des effets protestés; la copie de la requête du failli qui demande sa réhabilitation; les actes constitutifs ou modificatifs des sociétés commerciales.

3° *Matière répressive.* — En principe, toutes les affiches ordonnées d'office par les juridictions répressives sont exemptes du droit de timbre; mais il n'en est pas de même quand l'affichage est ordonné à la requête d'une partie civile comme réparation morale ou d'un préjudice pécuniaire; il est alors soumis au timbre spécial des affiches.

Dans cet ordre d'idées, sont exemptes de timbre: les affiches de jugements rendus en matière de contrefaçon (Loi du 5 juillet 1844, art. 49); les affiches des jugements rendus en matière d'enseignement primaire (Loi du 28 mars 1882); les affiches apposées à la requête du ministère public, relatives aux condamnations pour fraudes dans la vente des marchandises; les affiches des jugements qui prononcent des condamnations pour irrévérence envers les juges de paix (C. proc. art 10); les affiches des jugements en matière d'ivresse (Loi du 23 janvier 1873, art. 8); les affiches des jugements constatant des contraventions à la marque des matières d'or et d'argent (Loi du 25 juin 1884, art. 9); les affiches des jugements de condamnation pour usure (Loi du 19 décembre 1850, art. 5).

Si les affiches sont apposées à la requête des administrations, elles sont soumises au timbre de dimension : par exemple les affiches annonçant la vente des objets saisis en matière de contributions directes, les affiches de procès-verbaux en matière de contributions indirectes, et aussi en matière de douanes ou d'octroi.

*
* *

Voyons maintenant les

Affiches apposées par les particuliers

Ces affiches étant soumises au timbre « quels que soient leur nature ou leur objet », il semblerait, au premier aspect que toutes les... — mon respect de l'autorité ne me permet pas de dire : « les chinoiseries » ; je dirai donc simplement — toutes les « espèces » que j'ai énumérées précédemment ne dussent pas trouver place dans cette catégorie.

Ce serait bien mal connaître l'Administration et vous n'êtes pas si simples, mes chers confrères, que de le croire un seul instant.

Sont donc soumises au droit de timbre : les affiches à la brosse, les affiches autographiées, les affiches imprimées à l'étranger et destinées à être affichées en France, les affiches lithographiées ou gravées, les affiches mobiles, cartons porte-journaux, menus, les affiches imprimées sur papier verni, bien qu'elles aient été collées sur toile ou carton, les affiches PLUS PETITES que l'empreinte du timbre (!!), les petites éti-quettes gommées placardées par les employés ou les commis-voyageurs, les cadres-annonces apposés dans les voitures de remise de Paris entre les montants des glaces, les affiches concernant la librairie, les sciences et les arts, etc. Quant aux avis-annonces qui, n'étant pas destinés à être placardés, sont exempts du droit de timbre, ils ne peuvent être affichés sans contravention.

*
* *

Ainsi que nous l'avons vu, le droit de timbre des affiches sur papier varie suivant : 1° la dimension du papier; 2° le nombre des annonces; ce droit est passible du double décime. Ne sont pas applicables aux affiches les prohibitions contenues dans les articles 22 et 23 de la loi du 13 brumaire, an VII, relatives aux actes écrits à la suite sur la même feuille de papier timbré, ni les dispositions de la loi de brumaire, qui défendent de couvrir le timbre d'écriture ou de l'altérer par l'impression, mais il est nécessaire que l'empreinte du timbre soit visible.

Le tarif est fixé à 5, 10, 15 et 20 centimes, d'après la surface de l'affiche ; s'il s'agit d'une affiche multiple contenant moins de cinq annonces ou cinq annonces, le droit est de 20 centimes, abstraction faite de la dimension de l'affiche ; il est de 40 centimes si l'affiche contient plus de cinq annonces. Mais pour qu'il en soit ainsi, il faut que ces annonces multiples soient imprimées sur la même feuille de papier ; si chaque annonce est imprimée sur une feuille de papier distincte, le droit de timbre est dû pour chaque annonce, d'après la dimension du papier employé, bien que toutes ces annonces soient collées sur un carton unique et forment, en apparence, un seul tout. Une annonce peut d'ailleurs se rapporter à des objets multiples, sans perdre pour cela son caractère unitaire, par exemple lorsqu'elle n'intéresse qu'une seule personne, une seule société. Les annonces ne doivent être considérées comme distinctes que lorsqu'elles servent des intérêts différents. L'inscription d'une nouvelle annonce substituée à une annonce inscrite primitivement donne ouverture à la perception d'un nouveau droit. De même si, au moment de l'apposition de l'affiche, il avait été réservé des cases en blanc, les annonces insérées dans ces cases devraient être soumises au timbre.

Lorsque les particuliers se trouvent obligés de modifier, par des bandes rectificatives, le texte d'une affiche déjà imprimée, il y a lieu de distinguer le cas où l'affiche est déjà apposée, de celui où elle ne l'est pas encore : l'affichage seul donnant ouverture au droit, l'affiche, jusqu'à cette époque, n'est qu'en projet et peut être modifiée ; par suite, les affiches ainsi modifiées peuvent être soumises à un seul droit de timbre calculé d'après la dimension de l'affiche sans qu'il y ait lieu à un droit spécial pour la bande rectificative. Mais si les affiches ont déjà été placardées, les bandes rectificatives constituent de nouvelles annonces soumises au timbre ; il a même été décidé, dans une espèce où des bandes avaient été apposées successivement sur une affiche théâtrale pour modifier chaque jour la date de la représentation, que le droit de timbre, exigible à raison de la bande, devait être calculé d'après la dimension, non de la bande rectificative, mais de l'affiche ainsi rectifiée.

Les affiches sont, d'ordinaire, imprimées sur une feuille unique ; mais, quelquefois, le format est trop petit et plusieurs feuilles sont nécessaires. D'autre part, pour faciliter l'affichage, les afficheurs sont obligés de sectionner les affiches de trop grande dimension. Il est aujourd'hui reconnu que si les fragments ne sont ajoutés que pour servir à la composition d'une seule et même affiche, il n'est dû qu'un seul droit de timbre, calculé d'après la dimension totale de l'affiche.

Il n'y a pas lieu, non plus, de considérer comme une feuille distincte celle qui est superposée à la feuille principale et qui a pour but, non d'augmenter la dimension de l'affiche ou d'en modifier la rédaction, mais uniquement de compléter l'affiche en remplissant un blanc laissé à cet effet, ou de la rendre plus apparente aux yeux du public. C'est ce qui a été décidé spécialement au sujet d'une bande destinée à produire une disposition typographique très apparente, ou du plan lithographique placé au centre d'une affiche typographiée.

*
* *

Après cette description, sans doute trop longue, du remarquable tissu dans lequel nous enserre à l'heure actuelle l'araignée fiscale, j'arrive enfin à la question qui fait plus particulièrement l'objet de notre étude.

Le timbrage des affiches s'effectue de deux manières différentes : soit au moyen du timbrage à l'extraordinaire, soit par l'apposition de timbres mobiles. Il ne peut être acquitté sur déclaration ; il est permis, alors, de se demander quel procédé l'imprimeur devra employer dans le cas de ces fameuses affiches « plus petites que l'empreinte du timbre » !

Les lois du 28 avril 1816, art. 68, 25 mai 1817, art. 77, et 15 mai 1818, art. 76, défendaient aux imprimeurs d'imprimer aucun exemplaire d'affiche sur papier non timbré. D'après l'art. 4 de la loi du 18 juillet 1866, dont les dispositions sont toujours en vigueur, « les affiches peuvent être imprimées sur papier non timbré, pourvu que le timbre y soit apposé avant l'affichage. »

L'emploi des timbres mobiles pour les affiches destinées à l'impression a été autorisé par l'art. 6 de la loi du 27 juin 1870.

Le règlement d'administration publique du 21 décembre 1872 a stipulé que les timbres mobiles devront être collés « par les soins des imprimeurs et à leurs risques et périls »; les imprimeurs sont donc responsables non seulement de l'exacte oblitération des timbres, mais encore de leur adhérence sur les affiches. Aux termes de ce même règlement, les timbres doivent être apposés de manière à ce qu'ils soient oblitérés par l'impression de deux lignes au moins du texte de l'affiche. Si l'oblitération ne peut avoir lieu de cette manière, il y est suppléé par une griffe apposée à l'encre grasse, en travers du timbre, et faisant connaître le nom de l'imprimeur ou la raison sociale de sa maison de commerce, ainsi que la date de l'oblitération (art. 2). Les dispositions de ce règlement n'ont pas été modifiées par la loi du 30 mars 1880, et on en arrive à cette conséquence bizarre, signalée par le *Bulletin des Maîtres-Imprimeurs de Lyon* dans son numéro de juin dernier : Un négociant fait imprimer un grand nombre d'affiches de la dimension du timbre de 24 centimes, mais il ne veut les timbrer qu'au fur et à mesure de leur emploi, ou bien encore il tient à laisser le soin d'accomplir cette formalité aux représentants qu'il installe dans les diverses villes où il crée des dépôts de ses marchandises. Eh bien ! ce négociant ou ses représentants ne peuvent apposer ces affiches qu'après les avoir expédiées, à l'autre bout de la France, à l'imprimeur, qui les leur réexpédiera après avoir collé et oblitéré les timbres comme il vient d'être dit !

*
* *

J'ai exposé précédemment que les affiches non timbrées donnent ouverture aux pénalités suivantes : 1° une amende de 50 francs à la charge de l'imprimeur ; 2° une amende de

20 francs à la charge de l'auteur de l'affiche ou de celui qui fait afficher ; 3° une amende de simple police, déterminée par l'art. 474 du Code pénal, contre l'afficheur. De plus, les affiches doivent être lacérées, en vertu de l'art. 60 de la loi du 9 vendémiaire an VI, qui n'a pas été abrogé, et les parties sont solidaires pour l'amende. La disposition de la loi du 9 vendémiaire an VI qui autorise les parties solidaires à avoir recours les unes contre les autres est également maintenue. Toutefois, il a été jugé que l'imprimeur qui n'a point employé le timbre prescrit pour un imprimé qu'il savait devoir être affiché n'a aucun recours contre l'auteur de l'écrit, à raison de l'amende de 50 francs. (Epernay, 15 décembre 1848.)

La loi du 18 juillet 1866 n'ayant soumis les affiches au timbre qu'au moment où elles sont placardées, c'est l'apposition et non la préparation des affiches qui constitue la contravention.

Voyez, Messieurs, à quelles monstrueuses injustices peut conduire l'application d'un principe dépourvu de toute équité :

Il a été décidé que la contravention existe quelle que soit la nature des imprimés placardés. C'est ainsi qu'un imprimeur a été déclaré passible d'amende dans un cas où des programmes de spectacle, imprimés pour être distribués, avaient été affichés à son insu. Le tribunal de Compiègne a jugé, dans le même sens, que l'imprimeur était passible d'amende bien qu'il eût inscrit sur les imprimés la mention « défense d'afficher » (12 août 1885).

En cas d'impression d'une affiche sur papier blanc, l'imprimeur est toujours responsable, qu'il ait, ou non, participé à l'affichage (Cass. 23 ventôse an X, 22 janvier 1851). Les affiches non timbrées imprimées sur papier blanc sont passibles de deux amendes.

Il est décidé qu'il n'est dû par l'imprimeur qu'une seule amende de 5o francs, quel que soit le nombre d'exemplaires non timbrés d'affiches provenant d'un seul et même tirage et reconnus pour tels, notamment par la rédaction, les caractères employés et le format du papier (D. M. F. 17 juin 1842). Mais l'imprimeur est passible de deux amendes s'il a été fait deux tirages distincts, par exemple lorsqu'il résulte des exemplaires saisis et annexés aux procès-verbaux que tous ne sont pas conçus dans les mêmes termes. Il en serait de même s'il était établi, en fait, que l'affichage des imprimés non timbrés a été réitéré après un intervalle assez long pour qu'il puisse être considéré comme distinct et indépendant du premier (D. M. F. 15 janvier 1818 et 17 juin 1842).

En ce qui concerne la solidarité, la loi de vendémiaire l'appliquait à toutes les parties et rien ne permet de supposer que le législateur de 1816 ait voulu modifier cet ordre de choses.

Les contraventions, en matière d'affiches, doivent être constatées par un procès-verbal (L. 13 brumaire an VII, art. 31). Toutefois, la rédaction d'un procès-verbal est inutile si les parties versent immédiatement les droits et amendes. De quelque manière que la contravention soit reconnue, les affiches saisies doivent être annexées au procès-verbal (Seine, 23 décembre 1833). Les agents verbalisateurs ont donc le droit d'enlever ou de faire enlever par le commissaire de police les affiches en contravention. La disposition de la loi du 9 vendémiaire an VI, art. 6o, qui autorise la lacération des affiches n'a, du reste, pas été abrogée.

Les contraventions au timbre des affiches imprimées peuvent être constatées par des procès-verbaux rapportés soit par des préposés de l'administration de l'Enregistrement, soit par les commissaires, gendarmes, gardes-champêtres et tous les autres agents de la force publique.

C'est le tribunal civil, à l'exclusion du tribunal correctionnel qui doit connaître des contraventions au timbre des affiches ; l'instance est jugée par le tribunal auquel ressortit le bureau d'Enregistrement d'où la contrainte est émanée. Mais le tribunal de simple police est seul compétent pour statuer sur les contraventions relevées contre les afficheurs.

Enfin le recouvrement des amendes de timbre est poursuivi par voie de contrainte sans qu'il soit nécessaire d'obtenir un jugement au préalable ; mais les amendes de simple police constatées contre les afficheurs ou les imprimeurs ou les simples particuliers ne peuvent être exigées et aucune poursuite ne peut être exercée qu'en vertu d'un jugement de condamnation prononcé par le tribunal de simple police. Les amendes sont, dans ce cas, recouvrées par les percepteurs (D. M. F. 20 septembre 1875).

*
* *

J'ai terminé, Messieurs, cet exposé bien long à la vérité, et quelque peu aride et fastidieux ; mais il était, je crois, indispensable de placer sous vos yeux, au moment où vous allez délibérer, l'état actuel d'une législation inique dont nous nous proposons de demander et d'obtenir la prompte modification.

Quelles sont les mesures pratiques à prendre pour atteindre ce résultat ? Vous le déciderez dans un instant. Pour ma part, j'estime qu'il y a lieu de rechercher et de voter tout d'abord la formule, — aussi simple et aussi nette que possible, — du vœu que le Congrès va adopter.

Voici, à titre d'indication, celle qui fut votée et signée, ainsi que je le disais en commençant, par les Imprimeurs de le Somme :

« Les Imprimeurs du département de la Somme, soussignés,

« Considérant que la législation qui régit actuellement les Imprimeurs dans leurs rapports avec le fisc, relativement au timbre des affiches, est absolument contraire aux principes d'égalité qui forment la base de notre droit public ; qu'elle est dépourvue d'équité ; qu'en effet, l'Imprimeur est arbitrairement rendu responsable de faits auxquels il peut être resté tout à fait étranger ;

« Considérant que l'article 4 de la loi du 18 juillet 1866 — en supprimant l'obligation pour l'imprimeur de tirer des affiches sur papier timbré à l'avance — a implicitement abrogé la pénalité édictée contre l'Imprimeur par l'article 69 de la loi du 28 avril 1816, et que le maintien de cette pénalité ne doit plus s'appliquer qu'aux auteurs mêmes de l'affichage contraventionnel ;

« Considérant que, néanmoins, le fisc, sans s'occuper de rechercher ces auteurs, trouve plus simple, en l'absence d'une disposition explicite de la loi, de s'en prendre à l'Imprimeur seul ;

« Considérant qu'il n'y a pas plus lieu de rendre l'Imprimeur seul responsable d'une faute qu'il n'a pas commise, qu'il n'y aurait lieu de déclarer coupable l'armurier qui a vendu une arme ayant servi à commettre un crime ;

« Considérant enfin que la révision de cette législation surannée et arbitraire s'impose ;

« Par ces motifs,

« Emettent le vœu :

« Que dans le cas où la bonne foi de l'Imprimeur ne pourra être mise en doute, comme, par exemple, lorsqu'il aura indiqué au bas d'un imprimé que cet imprimé ne doit pas être affiché, si l'afficheur ou la personne qui a ordonné l'affichage sont connus et solvables, l'Imprimeur ne puisse être l'objet d'aucune poursuite ;

« Que dans le cas où, par suite de la disparition ou de l'insolvabilité des auteurs de l'affichage contraventionnel, l'Imprimeur viendrait à être déclaré civilement responsable au regard du fisc, il soit du moins exempt de toute peine personnelle ;

« Et, en conséquence, invitent les représentants du département de la Somme au Parlement à prendre l'initiative d'un projet de loi dans le sens qui vient d'être indiqué. »

Vous jugerez s'il convient d'en modifier la teneur.

Mais comme il ne faut pas que ce vœu demeure tout bonne-
ment platonique, ainsi que cela arrive trop souvent à la suite
des Congrès les plus divers, je pense qu'il sera bon que, tous,
nous *agissions*, individuellement et simultanément. Nous ne
sommes pas sans avoir, en raison de notre profession même,
une légitime et sérieuse influence sur nos mandataires au
Parlement. Ceux d'entre nous qui sont à la fois Imprimeurs
et propriétaires ou directeurs de journaux ne me démentiront
pas quand j'affirmerai que, pour un député, la crainte de
l'électeur est le commencement de la sagesse. Or un proprié-
taire de journal représente des quantités d'électeurs...

Je propose donc que, tous, nous agissions, dès la clôture
de ce Congrès, sur nos représentants, pour leur faire comprendre et apprécier la légitimité de nos revendications, en
leur mettant sous les yeux et dans leur entendement, non seulement la formule même de nos vœux, mais aussi les docu-
ments qui nous ont déterminés à les exprimer.

Ceux de nos confrères qui auront la chance de posséder
dans leur circonscription des députés-orateurs s'efforceront
de les décider à prendre devant le Parlement — et cela *dès
la rentrée prochaine* — l'initiative de la proposition, initiative qui sera, — je m'en porterais volontiers garant, — sou-
tenue et encouragée par la presque unanimité de la presse
française que l'on trouve toujours prête, quoi que l'on puisse
dire, à défendre les causes justes.

Quant à ceux d'entre nous qui habitent des circonscriptions
dont les députés troublent plus rarement les échos du Palais-
Bourbon — (est-ce trop être impertinent que de dire que
ceux-là seront peut-être les plus nombreux ?) — ils devront
obtenir, à défaut de la bonne parole, du moins un bon vote
lorsque l'urne circulera dans les bancs.....

Messieurs, vous allez dire si le procédé que j'indique vous paraît le meilleur; mais quel que soit le moyen que vous choisirez pour arriver à nos fins, je suis certain d'être ici l'interprète de tous en exprimant l'espoir que les Imprimeurs soient enfin débarrassés, dans le plus bref délai, de l'odieuse responsabilité qui leur incombe actuellement.

P. Challier de Grandchamps